3

**M**ae Aled Jones yn dod o Landegfan, Sir Fôn.

Pentref bach ar lan Afon Menai ydy Llandegfan.

Roedd ei fam yn athrawes yn yr ysgol gynradd yno.

Cyn i Aled gael ei eni, roedd ei rieni yn siŵr mai bachgen oedd y babi i fod.

Roedd ganddynt enw yn barod iddo hefyd – Aled.

Roedd y doctoriaid yn gwybod hyn a phan gafodd y babi ei eni, dywedodd y doctor,

## "Mae Aled wedi cyrraedd!"

Pan oedd Aled yn ifanc iawn roedd yn hoffi copïo sŵn o'i gwmpas.

Roedd yn gwrando ar sŵn yn y gegin, sŵn fan hufen iâ neu sŵn car yn cychwyn.

Wedyn roedd Aled yn mwmian sŵn tebyg ei hun!

# `Meet the angel of Anglesey!`
# `Angelic Aled Jones`
# `Aled – voice of an angel`
# `Angel delight!`

- Pan oedd Aled Jones yn ifanc roedd yn cael **ffrae** gan ei fam yn aml am gnoi ei ewinedd.

- Yn aml roedd ei bengliniau'n **grachod** o dan ei wisg wen, ar ôl iddo syrthio'n chwarae pêl-droed.

- Un tro, roedd o wedi gosod gwm o dan nodau'r piano mewn gwersi canu.

- "Weithiau, pan oeddwn yn canu yn y côr, roedd fy ffrind a fi am y gorau i ganu cân a chnoi peth da (losin) yr un pryd! Roedd gan y **cassocks** bocedi dwfn ac yn rhai da i gadw pethau da."

**Roedd gan Aled lais fel angel ond yn y bôn roedd fel unrhyw fachgen arall.**

# Cymry
# Enwog

# Aled
# Jones

Wrth dyfu, roedd yn hoffi cwmni ei ffrindiau.

Roedd o'n aelod o'r *cubs*. Gan ei fod yn byw ar lan Afon Menai roedd wrth ei fodd yn hwylio ar yr afon a physgota!

Pan aeth Aled i'r ysgol doedd o ddim yn hoffi canu ond roedd o'n mwynhau gwrando ar bobl yn curo dwylo ar ddiwedd y gân.

Un prynhawn, cafodd 50c gan rywun oedd yn gwrando arno.

"Hei, tydy hyn ddim yn ddrwg," meddai.
Roedd o'n iawn.

Bellach mae Aled yn ennill mwy na 50c am ganu!

Pan oedd yn naw oed, ymunodd â chôr Eglwys Gadeiriol Bangor.

Roedd yn aml yn cael y cyfle i ganu ar ei ben ei hun.

Roedd ei fam **wrth ei bodd** yn gwrando arno yn canu.

Un noson, fe guddiodd recordydd tâp o dan sedd yn yr eglwys i recordio Aled yn canu.

Roedd pawb yn hoffi gwrando ar y bachgen bach â'r gwallt melyn.

Yn aml, byddai Mrs Hefina Evans yno yn gwrando ar Aled.

Ysgrifennodd lythyr at gwmni recordio Sain i ddweud wrthynt am y bachgen â'r llais swynol.

**"Mae gan Aled Jones, bachgen deuddeg oed yn Ysgol David Hughes, Porthaethwy lais sy'n cyffwrdd â'r galon"**

Roedd Cwmni Sain yn cytuno ac aethant i Fangor i'w recordio.

Daeth ei record gyntaf, 'Diolch a Chân', allan erbyn Nadolig 1983 ac roedd hi'n boblogaidd iawn.

Daeth llawer o bobl i glywed am Aled Jones. Canodd ar y teledu a hefyd ar lwyfan Neuadd Dewi Sant, Caerdydd.

Yn fuan wedyn, gwnaeth record arall i'r BBC.

Gwerthwyd 250,000 o gopïau mewn wythnos!

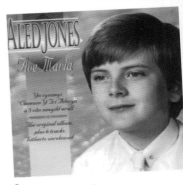

Daeth Aled yn **adnabyddus** iawn trwy'r byd pan recordiodd y gân 'Walking In The Air.'

Mae'r gân i'w chlywed yn y ffilm 'The Snowman' gan Raymond Briggs.

Mae'r ffilm yn adrodd hanes bachgen bach yn adeiladu dyn eira sy'n dod yn fyw!

Mae'r ffilm yn cael ei dangos pob Nadolig.

"Diolch byth mod i wedi canu'r gân mewn tiwn!" meddai Aled.

Mewn amser byr, daeth Aled yn enwog iawn.

Roedd pawb am ei glywed yn canu.

Aeth i Rufain i ganu o flaen y Pâb, John Paul.

Cafodd ganu ym mhriodas Bob Geldof a Paula Yates.

7

Yn ystod yr wythnos byddai Aled wrth ei waith yn Ysgol David Hughes, Porthaethwy.

Ar y penwythnos efallai y byddai yn teithio i Baris, Yr Almaen, Israel neu hyd yn oed i Efrog Newydd.

Pan oedd yn bymtheg (15) oed, canodd yn yr *Hollywood Bowl* yn Los Angeles o flaen cynulleidfa o 18,000 o bobl.

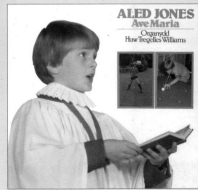

Wrth i fachgen fynd yn hŷn, mae ei lais yn newid.

Mae'r llais yn mynd yn is, yn fwy fel llais dyn.

Pan fydd hyn yn digwydd mae hi'n fwy anodd i fachgen ifanc gyrraedd y nodau uchel wrth ganu.

Mae rhai yn sôn am hyn fel y llais yn 'torri'.

8

Roedd **Aled** yn gwybod y byddai hyn yn digwydd iddo yntau rhyw ddydd.

"Roedd pawb yn gofyn pryd bydd llais Aled Jones yn torri?" meddai Aled.

"Beth fyddai'n digwydd wedyn?"

Roedd nifer o'r papurau yn dangos mwy o ddiddordeb mewn **dyfalu** pryd byddai llais Aled yn torri nag yn ei ganu.

Roedd rhai efallai yn disgwyl i'w lais dorri yng nghanol perfformiad. Dyna ichi stori dda fuasai honno ynte!

Roedd **Aled** yn **cael llond bol** ar yr holl ddyfalu.

Un dydd, roedd o'n recordio mewn eglwys yng Nghaerdydd.

Roedd o'n meddwl nad oedd ei lais mor **ystwyth** ag arfer.

Aeth Aled a'i rieni am ginio ond aeth o ddim yn ôl i orffen y recordio.

Ar ôl pedair blynedd **anhygoel**, anhygoel! … roedd Aled Jones wedi **ymddeol**!

Beth mae pobl yn ei wneud ar ôl ymddeol?
Tyfu tomatos?
Pysgota?
Gwneud paned o de a darllen papur?

Ar ôl gorffen canu cafodd Aled gyfle i astudio yn yr ysgol a sefyll arholiadau TGAU.

Cafodd Aled y cyfle i ymweld â Siapan a chyfarfod rhai o'i 'ffans' mwyaf.

Roedd pawb yn Siapan wedi **gwirioni** arno er na chanodd yr un nodyn yno!

Mae **Aled** wedi dweud mai hen ferched a 'neiniau' yw ei ffans mwyaf.

Yn Siapan roedd merched ifanc yn sgrechian ac yn ei ddilyn i bobman.

"Roedd yn rhaid imi gael *guards* am y tro cyntaf yn fy mywyd!" meddai.

Aeth Aled wedyn i'r Academi Frenhinol yn Llundain.
Wedyn aeth ar gwrs actio yn Ysgol Ddrama yr Old Vic ym Mryste.
Roedd bod yn yr ysgol ddrama yn gyfnod prysur
"Roeddwn yn gweithio deg awr y dydd," meddai.

11

Am gyfnod doedd neb yn clywed llawer o hanes Aled.

Roedd yn cael cyfle i ddysgu actio ac i ddatblygu ei lais.

Roedd yn edrych ymlaen at newid cyfeiriad.

Daeth y cyfle cyntaf iddo fynd yn ôl ar y llwyfan pan gafodd ran Joseff yn y ddrama gerdd enwog '*Joseph and his Amazing Technicolour Dreamcoat*'.

Roedd Jason Donavan a Paul Schofield wedi chwarae rhan Joseff ac roedd Aled yn gweld hyn yn gyfle da i ailafael yn y canu a chael actio hefyd.

Nid hwn oedd y tro cyntaf i Aled actio rhan Joseff.

Cafodd chwarae rhan Joseff mewn perfformiad yn yr ysgol gynradd pan oedd yn ddeg oed.

Yr adeg honno, gwnaeth ei fam ei gôt **amryliw** iddo allan o hen lenni!

Y tro hwn, pan ddaeth Aled i'r llwyfan roedd pawb yn synnu wrth weld fod y bachgen bach gyda'r gwallt melyn wedi tyfu!

Roedd y wasg Saesneg wrth eu bodd yn gweld Aled Jones yn ail ddechrau canu ond yn dal i gofio am yr hogyn bach!

# 'Dream job for choirboy Aled!'

# 'Aled's amazing new dream voice!'

Roedd o'n cael ei alw yn '**The Comeback Kid!**'
Ar ôl pymtheg mlynedd, roedd Aled yn ôl!

Daeth ag albwm newydd allan o'r enw 'Aled'.

Aeth yr albwm yn syth i **frig** y siartiau.

Dydy rhai pethau byth yn newid!

Mae o bellach wedi priodi â Claire.

Mae Claire yn perthyn i deulu syrcas enwog ac ar un adeg roedd yn gweithio ar y *trapeze*.

Mae ganddynt ferch o'r enw Emilia a bachgen bach o'r enw Lucas.

Mae'r plant yn lwcus iawn.

Mae ganddynt dad sydd yn gallu canu iddynt a mam sy'n gallu eu siglo i gysgu!

Mae Aled yn wyneb **cyfarwydd** unwaith eto.

Mae'n cyflwyno'r rhaglen Saesneg 'Songs of Praise' i'r BBC ac wrth gwrs mae'n dawnsio!

Roedd Aled yn un o'r sêr ar y rhaglen 'Strictly Come Dancing.'

Doedd Aled ddim wedi gwneud unrhyw beth fel hyn o'r blaen.

Roedd o'n nerfus iawn.

"Alla'i ddim dawnsio. Roeddwn yn meddwl fod gen i ddwy droed chwith," meddai.

Partner Aled oedd Lilia Kopylova o Rwsia. Roedd hi'n athrawes wych.

Roedd yn rhaid i Aled ddysgu dawns newydd bob wythnos. Roedd hyn yn anodd iawn.

Roedd Aled a Lilia yn ymarfer am oriau bob dydd. Bu bron i'r ddau gyrraedd y rownd derfynol – y ffeinal! Roedd Aled wrth ei fodd.

"Dyma'r peth gorau imi wneud erioed," meddai.

Cafodd **Aled** gyfle i fynd ar y rhaglen '*I'm a Celebrity - Get Me Out Of Here.*' Ateb Aled oedd "NA!"

"Weithiau ar '*Strictly Come Dancing*' roedd yn rhaid imi edrych fel ffŵl ar y teledu," meddai.

"Roedd yn rhaid imi wisgo dillad digri ac roedd fy merch yn chwerthin am fy mhen bob tro roedd yn fy ngweld.

Ond mae hyn yn llawer gwell nag eistedd yn y goedwig yn bwyta **cynrhon**!"

Unwaith eto mae Aled Jones yn brysur iawn. Pan fydd yn cael cyfle, mae o bob amser yn hoff iawn o fynd yn ôl adref i Sir Fôn.

# A **pheth** arall...

- Recordiodd Aled y gân *'Walking in the Air'* ym 1985 ac aeth i rif 5 yn y siartiau ac ymddangos ar *Top of The Pops*.

- Roedd Aled yn canu mewn cyngerdd pwysig iawn i'r Frenhines.
  Dechreuodd ganu'r ail bennill – dim!
  Roedd Aled wedi anghofio'r geiriau.
  Y gân oedd *'Memories'*!

- Mae Aled yn cefnogi tîm pêl droed Arsenal.
  Mae'n cofio mynd i weld un gêm yn syth ar ôl iddo roi'r gorau i ganu.
  Cyn i'r gêm ddechrau cafodd gerdded ar y cae.
  Doedd o ddim yn meddwl y byddai unrhyw un yn ei adnabod.
  Er mawr syndod iddo, dechreuodd y dyrfa enfawr ganu,

*'Aled Jones!*
*Aled Jones!*
*You're not singing*
*any more!*
*You're not singing*
*any more!'*